Inhalt

Vertrauen in die Führung - nur positive Erwartungen bringen Erfolg

Kernthesen

Beitrag

Fallbeispiele

Weiterführende Literatur

Impressum

Vertrauen in die Führung - nur positive Erwartungen bringen Erfolg

Robert Reuter

Kernthesen

- Das Vertrauen in Wirtschaft und Unternehmen ist heute niedriger als früher. Ausgelöst wurde der allgemeine Vertrauensverlust durch das Verhalten von Managern vor und während der Finanzkrise.
- Eine Wirtschaft ohne gegenseitiges Vertrauen funktioniert jedoch nicht.
- Gute Führung ist dadurch gekennzeichnet, dass die Mitarbeiter dem Vorgesetzten vertrauen können.

- Ebenso wichtig ist, dass die Führungskraft den Mitarbeitern Vertrauen entgegenbringt.
- Ein vertrauensvolles Miteinander von Vorgesetzten, Mitarbeitern und Kunden ist eine der wichtigsten Grundlagen für nachhaltigen Erfolg.

Beitrag

Die Welt in der Vertrauenskrise

Das Vertrauen der Menschen in die Akteure der Wirtschaft hat spätestens mit der Finanzkrise 2008 arg gelitten. Insbesondere sind es die Banken, die seitdem mit einem großen Vertrauensverlust bei Share- und Stakeholdern leben müssen. Die Finanzkrise hat dabei klar gemacht, dass eine Volkswirtschaft ohne das gegenseitige Vertrauen von Unternehmen, Managern, Kunden und Investoren kaum funktionieren kann oder zumindest hohe Einbußen erleidet. In der Führungs- und Organisationsforschung ist das Vertrauen darum seit einigen Jahren in den Fokus der Betrachtung gerückt.

Das nahezu auf den Nullpunkt gesunkene Vertrauen in den Bankensektor ist durch Messungen belegt. So genannte Vertrauensbarometer ergeben, dass Banken nach wie vor das Schlusslicht bei den vertrauenswürdigsten Branchen bilden. Während der Zeit akuter Verwerfungen, als eine Bank nach der anderen Steuergelder zur eigenen Rettung benötigte, waren die Misstrauenswerte explodiert. Von diesem Vertrauensverlust haben sich die Banken bis heute nicht erholt. (1), <u>(2)</u>, (4), (5), (6) (9)

Optimistische Erwartungen bei eigener Verwundbarkeit

Per definitionem bedeutet Vertrauen innerhalb des Wirtschaftsgeschehens, trotz Verwundbarkeit und Ungewissheit zu erwarten, dass andere Menschen ihre Freiräume kompetent und verantwortungsvoll nutzen. Von rein zwischenmenschlichen Beziehungen, in denen sich das Vertrauen auch auf die emotionale Seite des anderen richtet, unterscheidet sich ökonomisches Vertrauen damit durch seine Verengung auf das Verantwortungsgefühl des Unternehmens, erfährt aber gleichzeitig eine Erweiterung durch die Erwartung von Kompetenz. (1), <u>(2)</u>, (4), (5), (6) (9)

Vertrauen fördert den wirtschaftlichen Erfolg

Bestehendes Vertrauen koordiniert das Handeln von Menschen ebenso wie das Misstrauen. So hat ein Unternehmen mehr Aussicht auf Erfolg, wenn das in es gesetzte Vertrauen zu starker Kundenbindung und steigenden Käufen führt. Ebenso positiv wirken sich unternehmensinterne Vertrauensverhältnisse auf den Gesamterfolg aus. Beschäftigte, denen der Vorgesetzte vertraut, können prinzipiell mehr Verantwortung übernehmen, damit größere Wirkung entfalten und so die Wirtschaftsleistung steigern. Loslassen, vertrauen und das Gewähren von Eigenverantwortung sind von der Führungsforschung daher schon lange als die entscheidenden Elemente einer modernen und erfolgreichen Führung ausgemacht worden.

Während sich das dem Mitarbeiter entgegengebrachte Vertrauen zunächst einmal auf die Motivation und damit nur indirekt auf die Arbeitsleistung auswirkt, lassen sich durch intaktes Vertrauen auch direkt zählbare Vorteile erreichen. So sinken beispielsweise Vertrags-, Informations- und Kontrollkosten, weil bestehendes Vertrauen generell einen verständlichen und offenen Informationsaustausch ermöglicht. Vom geschenkten Vertrauen durch Vorgesetzte profitieren aber nicht nur das Unternehmen und die Mitarbeiter, sondern auch die Führungskräfte selbst. So kann sich eine vertrauenswürdige Führungskraft mit ihren Ideen und den dafür abgeforderten Veränderungen schneller durchsetzen als der misstrauische Chef, der seinen Führungsstil alleine auf seine Autorität stützt.

Nutzbringende Wirkungen entfaltet ein vertrauensvolles Miteinander nicht zuletzt auf Verhandlungen, die dann meist deutlich einfacher zu führen sind. (2)

Vertrauende Mitarbeiter leisten mehr

Um das Vertrauen der Mitarbeiter zu gewinnen, ist auch geistige Arbeit notwendig. Die Führungskraft muss Wege finden, um dem Mitarbeiter das Gefühl zu geben, eine faire Teilhabe am Geschehen im Unternehmen zu erhalten. Weitere Bemühungen sollten sich auf eine Unternehmenskultur richten, in der sich das Unternehmen für die Mitarbeiter verwendet und sich die Mitarbeiter für das Unternehmen einsetzen. Grundvoraussetzungen für die Stärkung des Vertrauens sind eine offene Kommunikation und Fairness. (2)

Größere Freiräume im Umgang mit Kunden

Hat sich das Unternehmen bei den Kunden Vertrauen erworben, hat dies die positive Folge größerer Handlungsspielräume. Da Unternehmensentscheidungen oder neue Produkte nicht mit Argusaugen skeptisch begutachtet werden, sondern infolge des bestehenden Vertrauens mit einem wohlwollenden Vorschuss beschenkt werden, kann das Unternehmen anders handeln als ein Wettbewerber, der bei jeder seiner Handlungen Angst vor weiterem Vertrauensverlust haben muss. Als ein bekanntes Beispiel kann hierfür das Magazin Stern herangezogen werden. Mit der Veröffentlichung der gefälschten Hitlertagebücher hatte sich die Redaktion für viele Jahre jedes Spielraums selbst beraubt, denn jede weitere schlecht recherchierte Geschichte hätte dem Magazin vollends den Garaus machen können. (2)

Das Drei-Phasenmodell

Für die Gewinnung von Vertrauen empfehlen Experten eine dreistufige Vorgehensweise. In Phase eins besteht die Aufgabe darin, eine verständnisvolle Kommunikation herzustellen, wofür dem Gegenüber zunächst einmal Aufmerksamkeit geschenkt werden muss. Hierfür ist insbesondere ein Talent zur Einfühlung nötig - über das freilich nicht jede Führungskraft verfügt. In Phase zwei steht der Abbau bedrohlicher Handlungen auf der Agenda. Der Mitarbeiter soll Vertrauen entwickeln, indem ihm die Handlungen der Führungskraft als transparent, nachvollziehbar und berechenbar vorgeführt werden. In der dritten Phase beweist die Führungskraft ihr Vertrauen in den Mitarbeiter, indem sie ihm anspruchsvolle Aufgaben zur eigenen Verantwortung überträgt. Hierdurch wächst das Selbstvertrauen des Mitarbeiters - das nach heutiger Erkenntnis die Grundvoraussetzung dafür bildet, auch anderen vertrauen zu können. (2)

Trends

Moderne Führung im Mittelstand

Im deutschen Mittelstand sind viele Erkenntnisse über moderne Führung oder Motivationsförderung oft noch gar nicht angekommen. Stattdessen herrscht in KMU vielerorts eine bloße Gehorsamskultur vor. Mit einer solchen Art der Führung lassen sich vielversprechende junge Talente allerdings nicht mehr im Unternehmen halten. Sie erwarten heute einen kooperativen Führungsstil, bei dem sich Vorgesetzter und Mitarbeiter vertrauensvoll und auf Augenhöhe begegnen können. Achtsamkeit, Zuwendung und Empathie werden darum gerade zu

Kennzeichen solcher Mittelständler, die in ihrem Segment besonders erfolgreich hervortreten. Experten glauben darum, dass auch im Mittelstand beim Führungsverständnis ein Mentalitätswandel bevorsteht. (3)

Fallbeispiele

Vertrauen fördert Kreativität

Mitarbeiter, die ihrem Chef vertrauen und gleichzeitig sein Vertrauen in ihre eigenen Fähigkeiten spüren, sind besonders kreativ. Da sie sich nicht von der unsichtbaren Knute eines ungnädigen Vorgesetzten geknechtet fühlen, trauen sie sich, ihren Ideen und Gedanken freien Lauf zu lassen. Die Führungskraft muss allerdings in Kauf nehmen, dass freies Denken auch zu Fehlern führen kann. Erst wenn der Mitarbeiter die Sicherheit hat, Fehler machen zu dürfen, kann er seine Talente frei entfalten. (8)

Gesunde Mitarbeiter durch gute Führung

Neuen Erkenntnissen aus der Psychologie zufolge sind Zufriedenheit und Gesundheit im Berufsleben vor allem auf gute Führung zurückzuführen. Auch neuere Umfragen belegen die Wichtigkeit des Vorgesetzten für die Gesundheit von Angestellten. Im Mittelpunkt steht dabei der Wunsch nach einer ausgewogenen Work-Life-Balance. Aber auch die Führungskräfte selbst können im Arbeitsalltag viel dafür tun, um Burn-out und andere Krankheiten zu vermeiden. Viele Experten halten den Aufbau einer gesunden Führungskultur und einen achtsamen Umgangs miteinander für unabdingbar, um einen niedrigen Krankenstand zu erreichen. (7)

Weiterführende Literatur

(1) Spitzenteams brauchen Spitzenleiter
aus Personalwirtschaft, Heft 07/2013, S. 47-49

(2) Kontrolle ist gut, Vertrauen ist besser
aus Die Bank, Heft 07/2013, S. 18-23

(3) Vom Gehorsam zur Verantwortung
aus Personalwirtschaft, Heft 06/2013, S. 56-57

(4) Persönliches und systemisches Vertrauen/Misstrauen in systemtheoretischer Perspektive – Funktionen und Wirken in sozialen Beziehungen
aus ARBEIT - Zeitschr. f. Arbeitsforschung, Heft

01/2013, S. 7-19

(5) "Vertrauen" ist sowohl Substantiv als auch Verb
aus ZFO - Zeitschrift Führung und Organisation
02/2013, S.084

(6) Vertrauen in der Krise
aus ZFO - Zeitschrift Führung und Organisation
02/2013, S.089

(7) Gute Führung erzeugt gesunde Mitarbeiter
aus VDI NR. 26 VOM 28.06.2013 SEITE 17

(8) Vertrauen schafft Kreativität
aus ZFO - Zeitschrift Führung und Organisation
02/2013, S.103

(9) Mehr Vertrauen!?
aus ZFO - Zeitschrift Führung und Organisation
02/2013, S.113

Impressum

Vertrauen in die Führung - nur positive Erwartungen bringen Erfolg

Bibliografische Information der deutschen Nationalbibliothek

Die Deutsche Nationalbibliothek verzeichnet diese Publikation in der deutschen Nationalbibliografie; detaillierte bibliografische Daten sind im Internet über http://dnb.d-nb.de abrufbar.

ISBN: 978-3-7379-0270-0

© 2015 GBI-Genios Deutsche Wirtschaftsdatenbank GmbH, Freischützstraße 96, 81927 München, www.genios.de

Alle Rechte vorbehalten. Dieses Werk ist einschließlich aller seiner Teile – z.B. Texte, Tabellen und Grafiken - urheberrechtlich geschützt. Jede Verwertung außerhalb der Grenzen des Urheberrechtsgesetzes bedarf der vorherigen Zustimmung des Verlags. Dies gilt insbesondere auch für auszugsweise Nachdrucke, fotomechanische

Vervielfältigungen (Fotokopie/Mikroskopie), Übersetzungen, Auswertungen durch Datenbanken oder ähnliche Einrichtungen und die Einspeicherung und Verarbeitung in elektronischen Systemen.